DAS AUGE ISST MIT

Gemüsenudeln sind nicht nur gesünder als herkömmliche Pasta, sie sorgen auch farblich für mehr Abwechslung auf dem Teller! Überraschen Sie sich und Ihre Familie, Freunde oder Gäste mit bunten Highlights wie Rote-Bete-, Zucchini-, Gelbe-Paprika- oder Möhrennudeln und sorgen Sie mit den passenden Saucen und Beilagen für eine unschlagbare Geschmacks- und Farbkombination.

 ÖFTER MAL WAS NEUES!

Mit dem Spiralschneider sind der Fantasie in der Küche keine Grenzen mehr gesetzt. Probieren Sie doch einfach mal aus, die Klassiker auf Ihrem Speiseplan mit Gemüse- und Obstnudeln neu zu interpretieren oder clever zu kombinieren. Probieren Sie Gemüsenudel-Rezepte auch mit anderen geeigneten Gemüsesorten und bringen Sie im Handumdrehen mehr Schwung und Kreativität in Ihre Küche.

— GEMÜSE —
NUDELN &CO.

DIE BESTEN REZEPTE

E = EINFACH

Wenige Zutaten, die nicht zu teuer und möglichst nicht zu ausgefallen sind. Einfache, übersichtliche und vor allem verständliche Rezepte.

A = ANFÄNGER

Die Rezepte sind technisch nicht zu anspruchsvoll und sind somit auch für Anfänger geeignet. Viele Anregungen inspirieren jedoch auch den schon erfahrenen Koch.

S = SCHNELL

Alltagstaugliche Rezepte, die auch ohne viel Zeitaufwand und Stress schnell zu meistern sind. Ganz nach dem Motto: Schnell zum Genuss.

Y = YUMMY

Gute Mischung aus Klassikern und Trendthemen. Raffinierte, aber trotzdem unkomplizierte Rezepte, die einfach schmecken.

 ZUBEREITUNGSZEIT: Wie viel Zeit Sie fürs Vorbereiten, Schnippeln oder Rühren benötigen, verbirgt sich hinter diesem Symbol.

 GAR- UND WARTEZEIT: Die kleine Stoppuhr verrät Ihnen, wie lange das Gericht kocht, schmort oder in den Ofen muss.

 **Besonders lecker**

 **Einfach clever**

 **Unser Tipp**

Unsere Variante

INHALT

SO GELINGT ALLES GANZ EASY

Das Werkzeug: der Spiralschneider

Spiralschneider gibt es viele in unterschiedlichen Größen und Ausführungen. Welches Modell dabei für einen persönlich am besten geeignet ist, hängt davon ab, wie viele Portionen man zubereiten und welches Gemüse oder Obst man verarbeiten möchte. Es gibt kleine Modelle, die einem Bleistiftanspitzer ähneln und bei denen man das Gemüse oder Obst mit der Hand drehen muss. Diese Spiralschneider eignen sich für längliche Gemüsesorten wie z.B. Zucchini. Handkurbelgeräte benötigen zwar etwas mehr Platz, erleichtern das Gemüsenudelmachen jedoch um einiges und haben meist auch mehrere verschiedene Klingeneinsätze. Am schnellsten und mit dem geringsten Aufwand lassen sich Gemüse- und Obstnudeln mit einem elektrischen Spiralschneider herstellen.

Was tun mit den Resten?

Wenn man Gemüsenudeln macht, kann man nicht immer vermeiden, dass ein kleiner Rest des Gemüses übrig bleibt. Die Reste kann man toll weiterverwerten und als Einlage in Gemüsesuppen, als Salatbeilage oder in Pfannengerichten verwenden. Sie eignen sich auch zum Dippen oder zum Einfrieren, um sie zu einem späteren Zeitpunkt für die Zubereitung von Gemüsebrühe zu benutzen.

Auf die Größe kommt es an

Viele Gemüse- und Obstsorten, wie z.B. Gurken, Möhren oder Bananen, haben bereits gewöhnlich die richtige Form für die Spiralschneider. Bei anderen Sorten, wie z.B. Roten Beten, Kohlrabi oder Äpfeln, muss das Gemüse oder das Obst erst zugeschnitten werden. Das ist besonders wichtig, wenn man mit einem elektrischen Spiralschneider arbeitet, da dieser einen geformten Einfüllschacht besitzt.

Welches Gemüse und Obst eignet sich?

Das Tolle an Gemüse- und Obstnudeln ist ihre Vielfältigkeit. Welche Sorten verwendet werden, entscheidet hauptsächlich der Geschmack. Es gibt aber die Regel: Fest sollten das Gemüse und Obst sein. Bei zu weichem Gemüse oder Obst wird die Verwendung im Spiralschneider schwierig und anstatt fester Nudeln erhält man eine weiche, breiige Masse.

Fix & fertig

Viele Gemüsenudeln kann man bereits roh weiterverarbeiten, wie z.B. Gurken-, Kohlrabi- oder Möhrennudeln. Das ist besonders praktisch, wenn man schnell etwas zubereiten möchte, wie einen Salat oder einen Brotbelag. Andere Gemüsenudeln sollte man besser vor dem Verzehr oder der Weiterverarbeitung kochen oder dämpfen. Hierzu zählen z.B. Kartoffeln, Süßkartoffeln, Rote Beten oder Kürbis.

GEWUSST WAS
KLEINE, SCHLAUE WARENKUNDE

Zucchini

Zucchini sind der wohl bekannteste Vertreter der Gemüsenudeln. Als einziges Gemüse haben sie es sogar geschafft, eine eigene Bezeichnung zu bekommen: „Zoodles" setzt sich zusammen aus Zucchini und Noodles, dem englischen Begriff für Nudeln. Die Zoodles sind ideal als Spaghetti-Ersatz geeignet, machen aber auch als Suppeneinlage oder Salatkomponente eine gute Figur.

Möhren

Auch Möhren haben sich als Gemüsenudeln etabliert. Die strahlend orangen Gemüsenudeln sind nicht nur ein toller farblicher Hingucker auf dem Teller, sondern sind aufgrund des enthaltenen Betacarotins auch noch sehr gesund. Wer mal etwas Ungewöhnliches ausprobieren möchte, kann auch Gemüsenudeln aus violetten Möhren herstellen. Da diese beim Garen aber ihre Farbe verlieren, sollte man sie nur in Rohkost-Gerichten verwenden.

Apfel

Für süße Nudeln eignen sich Äpfel sehr gut. Am besten sind feste Äpfel, deren Fruchtfleisch nicht zu schnell zerfällt. Ob man die Äpfel schält oder nicht, ist reine Geschmackssache, allerdings stecken direkt unter der Schale viele Vitamine, Mineralstoffe und sekundäre Pflanzenstoffe.

Gurke

Gurkennudeln sind ideal geeignet für Salate und kalte Hauptspeisen. Das vitamin- und mineralstoffreiche Gemüse sorgt mit seiner dunkelgrünen Schale und seinem hellgrünen Innenleben für Frische und tolle Farben auf dem Teller. Mit einem Wassergehalt von über 95 % sind Gurken zudem ein super Flüssigkeitslieferant.

Rote Bete

Gemüsenudeln aus Roter Bete? Aber klar! Auch für kleinere Spiralschneider kann man die Rote Bete verwenden. Dafür schneidet man sie einfach in kleinere Stücke, bevor man Nudeln aus ihnen dreht. Es gibt auch gelbe oder geringelte Beten, die als Nudeln ebenso sehr schön aussehen. Beim Verarbeiten von Roten Beten sollte man immer Handschuhe tragen, da die rote Farbe kräftig abfärbt.

Kartoffeln

Auch aus Kartoffeln kann man Gemüsenudeln machen. Wie bei den Roten Beten sollte man sie zunächst klein schneiden, wenn man mit einem kleinen Spiralschneider arbeitet. Süßkartoffeln bieten sich ebenso zur Herstellung von Gemüsenudeln an. Die orangen Knollen schmecken – wie der Name schon verrät – süßlicher als die normale Kartoffel.

01

VORSPEISEN

THAI-„NUDELSALAT"
MIT KOKOS-ERDNUSS-DRESSING

ZUBEREITUNG
🍶 25 MIN. ⏱ 5 MIN.

01. Die Möhren putzen und schälen. Die Gurke waschen und nach Belieben streifig schälen. Beides mit dem Spiralschneider zu kurzen „Nudeln" verarbeiten, mit etwas Salz bestreuen und beiseitestellen. Die Frühlingszwiebeln putzen, waschen und in dünne Ringe schneiden. Den Koriander waschen und trocken schütteln, das untere Drittel der Stiele entfernen, den Rest grob hacken. Die Minze waschen, trocken schütteln, die Blätter abzupfen und fein hacken.

02. In einer Pfanne 1 EL Öl erhitzen und die Frühlingszwiebeln darin kurz andünsten. Die Möhren-„Nudeln" dazugeben und unter Wenden etwa 5 Minuten braten, herausnehmen. Das übriges Öl in der Pfanne erhitzen und die Currypaste darin 1 bis 2 Minuten andünsten. Kokosmilch, 25 ml Wasser, Fischsauce, Erdnussmus und Limettensaft dazugeben und alles aufkochen. Dann etwa 5 Minuten einkochen lassen, mit Salz und etwas Limettensaft abschmecken, vom Herd nehmen und kurz abkühlen lassen.

03. Zum Servieren Frühlingszwiebeln, Möhren- und Gurken-„Nudeln" sowie die Kräuter in eine Salatschüssel geben und das Dressing vorsichtig untermischen. Zuletzt die Macadamianüsse nach Belieben grob hacken und darüberstreuen.

💚 *Dazu passen gebratene Tofuwürfel. Ob man lieber Natur- oder Räuchertofu verwendet, ist Geschmackssache. Den Tofu in Würfel schneiden und in einer Pfanne in Öl braten.*

**ZUTATEN
FÜR 2 PERSONEN**

+ **2 Möhren**
+ **1 Salatgurke**
+ **Salz**
+ **2 Frühlingszwiebeln**
+ **½ Bund Koriandergrün**
+ **4 Minzstiele**
+ **2 EL natives Kokosöl**
+ **½ TL gelbe Thai-Currypaste**
+ **100 g Kokosmilch**
+ **1 EL Fischsauce**
+ **1 gehäufter EL ungesüßtes Erdnussmus**
+ **1–2 EL Limettensaft**
+ **50 g geröstete Macadamianusskerne**

GURKENSALAT
MIT LITSCHIS UND ERDNÜSSEN

ZUBEREITUNG
20 MIN.

01. Die Gurke waschen und die Enden abschneiden, dann mit dem Spiralschneider zu Spiralen drehen. TK-Brokkoli antauen lassen. Frischen Brokkoli putzen, waschen und in Röschen teilen. Die Röschen vierteln. Dem Brokkoli in kochendem Salzwasser 3 bis 4 Minuten blanchieren. In ein Sieb abgießen, kalt abschrecken und abtropfen lassen.

02. Die Erdnüsse grob hacken. Die Litschis schälen, entkernen und achteln. Den Sellerie putzen, waschen und in feine Scheiben schneiden. Die Gurkenspiralen mit Brokkoli, Erdnüssen, Litschis und Sellerie mischen.

03. Für das Dressing den Zitronensaft mit Öl, Sojasauce, Wasabi und Honig verquirlen. Den Salat mit dem Dressing beträufeln. Sofort genießen, sonst zieht die Gurke zu viel Wasser!

Wer keine Wasabipaste im Haus hat, kann ersatzweise auch 1 TL Meerrettich verwenden. Der Geschmack verändert sich dann ein wenig, da der Meerrettich in der Regel nicht ganz so scharf ist wie Wasabi.

ZUTATEN
FÜR 2 PERSONEN

+ **1 Salatgurke**
+ **½ Brokkoli (oder 150 g TK-Brokkoli)**
+ **Salz**
+ **50 g geröstete gesalzene Erdnusskerne**
+ **100 g Litschis**
+ **100 g Staudensellerie**
+ **Saft von ½ Zitrone**
+ **1½ EL Erdnussöl**
+ **2 EL Sojasauce**
+ **1 TL Wasabipaste**
+ **1 EL Honig**

MÖHRENSALAT
MIT ROTER BETE

ZUBEREITUNG
🥢 25 MIN. ⏱ 5 MIN.

01. Rote Bete und Möhren putzen, schälen und mit dem Spiralschneider zu Spiralen drehen. In einen Dämpfeinsatz geben. In einem großen Topf wenig Salzwasser zum Kochen bringen, den Dämpfeinsatz hineinstellen und das Gemüse zugedeckt bei mittlerer Hitze 5 Minuten dämpfen.

02. Die Pinienkerne in einer Pfanne ohne Fett bei mittlerer Hitze goldbraun anrösten. Vom Herd nehmen und abkühlen lassen. Die Cranberrys hacken und mit den Pinienkernen mischen.

03. Für das Dressing die Orange halbieren und auspressen. Den Orangensaft mit Tahin, Ras el-Hanout, Honig und ½ TL Salz gut verquirlen. Minze und Petersilie waschen und trocken schütteln, die Blätter abzupfen und fein hacken. Rote Bete und Möhren auf Teller verteilen und mit dem Dressing beträufeln. Minze und Petersilie darübergeben und alles mit Pinienkern-Topping bestreuen.

🔄 *Wer dem Salat eine noch fruchtigere Note verleihen möchte, kann vor dem Servieren ein paar spiralisierte pfelnudeln hinzufügen und unterheben.*

ZUTATEN
FÜR 2 PERSONEN

+ **300 g Rote Beten**
+ **300 g Möhren**
+ **Salz**
+ **20 g Pinienkerne**
+ **20 g getrocknete Cranberrys**
+ **1 Orange**
+ **1 EL Tahin (Sesammus)**
+ **1 TL Ras el-Hanout**
+ **1 TL Honig**
+ **2 Stiele Minze**
+ **½ Bund Petersilie**

UNSER LIEBLING

RADICCHIOSALAT
MIT BIRNE UND BLUTORANGE

ZUBEREITUNG
🥄 **25 MIN.**

01. Die Haselnüsse in einer Pfanne ohne Fett bei mittlerer Hitze etwa 5 Minuten rösten, bis sie aromatisch zu duften beginnen. Die Nüsse aus der Pfanne nehmen.

02. Die Birne gründlich waschen oder schälen und mit Kerngehäuse zu Spiralen drehen. Den Radicchio putzen und waschen, die Blätter in feine Streifen schneiden. Die Orangen so großzügig schälen, dass auch die weiße Haut mit entfernt wird. Die Filets zwischen den einzelnen Trennhäuten herausschneiden, dabei den Saft auffangen.

03. Die Nüsse mit Orangensaft, Öl, Vanille, ½ TL Salz und etwas Pfeffer in einem Rührbecher mit dem Stabmixer fein pürieren. Radicchiostreifen und Birnenspiralen mit dem Dressing mischen. Den Salat auf Tellern anrichten und die Orangenfilets darauf verteilen.

⭐ *Keine Blutorangen im Supermarkt bekommen? Kein Problem! Den Radicchiosalat kann man auch mit normalen Orangen zubereiten.*

ZUTATEN
FÜR 2 PERSONEN

+ **30 g Haselnusskerne**
+ **1 große Birne (ca. 300 g)**
+ **100 g Radicchio**
+ **2 Blutorangen**
+ **1 EL Rapsöl**
+ **2 Msp. gemahlene Vanille**
+ **Salz**
+ **Pfeffer aus der Mühle**

KOHLRABISALAT
MIT MANGO

01. Den Kohlrabi putzen, schälen und mit dem Spiral-schneider zu Spiralen drehen. Die Mango schälen und auf einer Seite quer zum Stein ebenfalls spiralisieren, bis der Stein erreicht ist. Kohlrabi- und Mangospiralen in einer Schüssel mischen. Die Tomaten waschen und halbieren.

02. Den Ingwer schälen und grob zerkleinern. Den Korian-der waschen und trocken tupfen. Die oberen Blätter ab-zupfen und beiseitelegen, den Rest grob hacken. Die Zitrone halbieren und auspressen. Ingwer, gehackten Koriander, Zitronensaft, Sojakerne, Öl, ½ TL Salz und Agavendicksaft im Blitzhacker glatt pürieren.

03. Das Dressing unter die Kohlrabi- und Mangospiralen mischen. Den Salat auf Tellern anrichten, mit Koriander-blättern und Tomatenhälften garnieren.

ZUTATEN
FÜR 2 PERSONEN

+ **400 g Kohlrabi**
+ **1 feste Mango**
+ **100 g Cocktailtomaten**
+ **1 haselnussgroßes Stück Ingwer**
+ **2 Stiele Koriander**
+ **1 kleine Zitrone**
+ **2 EL geröstete Sojakerne (aus dem Bioladen)**
+ **2 EL Rapsöl**
+ **Salz**
+ **1 EL Agavendicksaft**

GEMÜSESPIRELLI
MIT KRÄUTER-SOJACREME

ZUBEREITUNG
🥄 30 MIN.   ⏱ 10 MIN.

01. Die Süßkartoffeln und den Knollensellerie schälen, waschen und mit einem Spiralschneider zu langen Nudeln drehen. Eventuell die Kartoffeln und den Sellerie zuerst in dicke, längliche Stücke schneiden, damit sie sich besser weiterverarbeiten lassen.

02. Petersilie, Basilikum und Schnittlauch waschen und trocken schütteln. Einige Blättchen beiseitelegen, die restlichen Kräuter hacken bzw. in Röllchen schneiden. Die Zwiebel schälen und in kleine Würfel schneiden.

03. Die Eier anstechen und in wenig kochendem Wasser in einem kleinen Topf 7 bis 8 Minuten wachsweich kochen.

04. In einem großen Topf etwa 4 l Wasser zum Kochen bringen. Einen zweiten Topf erhitzen, die Mandelblättchen darin goldbraun rösten, herausnehmen und beiseitestellen. Das Öl in diesem Topf erhitzen, die Zwiebelwürfel darin glasig werden lassen. Mit Sojacreme ablöschen, den Spinat einrühren und unter häufigem Rühren langsam auftauen lassen.

05. Inzwischen das Wasser salzen, die Gemüsenudeln hineingeben und 1 bis 2 Minuten kochen lassen. In ein Sieb abgießen und gut abtropfen lassen, auf vier Teller verteilen.

06. Die gehackten Kräuter und die gemahlenen Mandeln unter die Sauce rühren, diese einmal aufkochen lassen, mit Salz und Pfeffer abschmecken, über die Gemüsenudeln geben und mit den beiseitegelegten Kräutern sowie den Mandelblättchen bestreuen. Die Eier kalt abschrecken, pellen, halbieren und dazulegen.

ZUTATEN
FÜR 4 PERSONEN

+ **250 g Süßkartoffeln**
+ **500 g Knollensellerie**
+ **1 Bund Petersilie**
+ **1 Bund Basilikum**
+ **1 Bund Schnittlauch**
+ **1 Zwiebel**
+ **4 Eier (Größe M)**
+ **40 g Mandelblättchen**
+ **3 EL Rapsöl**
+ **200 g Sojacreme**
+ **100 g gehackter TK-Spinat**
+ **Salz**
+ **2 EL geschälte gemahlene Mandeln**
+ **Pfeffer aus der Mühle**

TAHIN-DRESSING

ZUBEREITUNG 10 MIN.
ZUTATEN FÜR 4 PERSONEN

125 g helles Tahin (Sesampaste) mit **50 ml lauwarmem Wasser**, **5 EL Zitronensaft**, **2 EL kalt gepresstem Olivenöl**, **½ TL gemahlenem Kreuzkümmel**, **Salz**, **Pfeffer aus der Mühle** und **1 Prise Zucker** mit dem Stabmixer cremig mixen. **½ Bund Koriandergrün** waschen, trocken schütteln und die Blätter samt feiner Stiele hacken. Unter das Dressing rühren, mit Salz und Pfeffer abschmecken.

Diese schnellen Dressings passen ideal zu Bowls, Salaten oder gekochten Gemüsenudeln. Schnell gemacht, ergänzen sie die Low-Carb-Nudelalternativen wunderbar und sorgen für die nötige Frische und Würze.

NUSS-VINAIGRETTE

ZUBEREITUNG 10 MIN.
ZUTATEN FÜR 4 PERSONEN

2 Thymianzweige waschen, trocken schütteln, die Blätter abzupfen und fein hacken. **50 g Walnusskerne** grob hacken. **1 EL kalt gepresstes Olivenöl** in einer Pfanne erhitzen und die Nüsse darin bei mittlerer Hitze unter Wenden kurz rösten. Mit **1 EL Aceto balsamico** ablöschen. Den Nuss-Mix in einer Schüssel kurz abkühlen lassen. Mit **Salz, Pfeffer aus der Mühle** und **1 Prise Zucker** würzen. Je **2 EL kalt gepresstes Olivenöl** und **Walnussöl** langsam unterschlagen. Nochmals abschmecken und zuletzt den Thymian unterrühren.

KRÄUTER-DRESSING

ZUBEREITUNG 10 MIN.
ZUTATEN FÜR 4 PERSONEN

1 kleines Bund gemischte Kräuter (ca. 25 g; z.B. Basilikum, Estragon, Petersilie, Schnittlauch) waschen, trocken schütteln, die Blätter abzupfen und fein hacken, den Schnittlauch in Röllchen schneiden. **1 Knoblauchzehe** schälen und halbieren. Beides mit **150 g Crème fraîche**, **1 TL mittelscharfem Senf**, **1 EL kalt gepresstem Olivenöl** und **1 TL Zitronensaft** in einem hohen Rührbecher mit dem Stabmixer oder im Mixer pürieren. Das Dressing mit **Salz** und **Pfeffer aus der Mühle** abschmecken.

ZOODLES MIT BOHNEN
UND AVOCADO-DRESSING

ZUBEREITUNG
 25 MIN.   15 MIN.

01. Dei Zucchini putzen, waschen und mit einem Spiral-schneider in dünne, lange „Nudeln" drehen. Auf einem Brett ausbreiten, leicht salzen und beiseitestellen. Die Bohnen putzen, waschen und in kochendem Salzwasser etwa 12 Mi-nuten garen.

02. Inzwischen für das Dressing die Avocado halbieren, den Kern entfernen und das Fruchtfleisch aus der Schale lösen. Das Basilikum waschen, trocken schütteln, die Blätter abzup-fen. Avocado, Basilikum, Crème fraîche, Zitronensaft und -schale sowie 1 bis 2 EL Wasser in einem hohen Rührbecher mit dem Stabmixer cremig pürieren. Das Dressing mit Salz und Pfeffer abschmecken.

03. Für das Dukkah Haselnüsse und Pinienkerne in einer Pfanne ohne Fett hell rösten, herausnehmen und abkühlen lassen. Danach Sesam, Kreuzkümmel, Koriander und Pfeffer ebenfalls unter Wenden hell rösten, herausnehmen und abkühlen lassen. Nüsse und ganze Gewürze mit Paprikapul-ver und Meersalz im Blitzhacker grob zerkleinern.

04. Die Zoodles etwas trocken tupfen und in einer großen beschichteten Pfanne im Öl bei mittlerer Hitze 3 bis 4 Minu-ten unter Wenden anbraten.

05. Zum Servieren die Bohnen in ein Sieb abgießen, kalt abschrecken und abtropfen lassen. Dann mit den Zoodles auf tiefen Tellern verteilen. Das Avocado-Dressing darüber-geben und alles mit dem Dukkah bestreuen – Reste vom Dukkah können Sie extra dazureichen.

ZUTATEN
FÜR 2 PERSONEN

+ **2 Zucchini (à ca. 300 g)**
+ **Salz**
+ **100 g grüne Bohnen**
+ **1 große Avocado (ca. 350 g)**
+ **½ Bund Basilikum**
+ **50 g Crème fraîche**
+ **Schale und Saft von ½ Bio-Zitrone**
+ **Pfeffer aus der Mühle**
+ **5 EL kalt gepresstes Olivenöl**

FÜR DAS DUKKAH:

+ **je 10 g Haselnuss- und Pinienkerne**
+ **10 g helle Sesamsamen**
+ **1 TL Kreuzkümmelsamen**
+ **½ TL Koriandersamen**
+ **½ TL schwarze Pfefferkörner**
+ **½ TL edelsüßes Paprikapulver**
+ **½ TL grobes Meersalz**

MÖHRENNUDEL-SANDWICH
MIT PAPRIKAHUMMUS

ZUBEREITUNG
25 MIN.

01. Die Möhren waschen trocken tupfen und nur falls nötig schälen. Die Enden gerade abschneiden und die Möhren mit dem Spiralschneider zu etwa 20 cm langen Spiralen verarbeiten. Den Räuchertofu trocken tupfen und in dünne Streifen schneiden.

02. Das Öl in einer Pfanne erhitzen und den Tofu darin bei starker Hitze 1 Minute unter Wenden anbraten. Die Möhren dazugeben und alles unter Rühren 2 Minuten weiterbraten. Die Pfanne von der Herdplatte nehmen. Die Tofu-Möhren-Mischung mit dem Salz und etwas Pfeffer würzen.

03. Zum Servieren die Petersilie waschen und trocken schütteln, die Blätter abzupfen und grob hacken. Jede Brotscheibe mit 1 EL Hummus bestreichen. Auf 4 Brotscheiben die Möhrennudeln und die getrockneten Tomaten verteilen, die Petersilie daraufstreuen. Die restlichen Brotscheiben mit der bestrichenen Seite nach unten darauflegen. Die Sandwiches sofort servieren oder in eine Dose packen und diese bis zum Mitnehmen in den Kühlschrank stellen.

Sie können auch jede andere Brotsorte für das Möhrennudel-Sandwich verwenden. Lassen Sie Ihren Geschmack entscheiden!

ZUTATEN
FÜR 4 PERSONEN

+ **3 große Möhren (à ca. 125 g)**
+ **100 g Räuchertofu**
+ **1 EL neutrales Pflanzenöl**
+ **½ TL Salz**
+ **Pfeffer aus der Mühle**
+ **5 Stiele glatte Petersilie**
+ **8 Scheiben Vollkornbrot (à ca. 70 g)**
+ **8 EL Paprikahummus (z.B. aus dem Kühlregal im Supermarkt, ersatzweise Hummus)**
+ **60 g halbgetrocknete Tomaten (in Öl)**

SCHARFE SUPPE
MIT GEMÜSENUDELN UND ENOKI

ZUBEREITUNG
🥄 30 MIN. ⏱ 30 MIN.

01. Sellerie, Möhren und Beten putzen, schälen und mit einem Spiralschneider in Nudelform drehen. Den Lauch putzen, waschen und der Länge nach in feine Streifen schneiden. Die Enoki putzen. Die Zwiebeln schälen und in Streifen schneiden. Alles abgedeckt beiseitestellen, die Gemüseabschnitte aufbewahren.

02. Ingwer und Knoblauch schälen und in feine Würfel schneiden. Die Chilischote längs halbieren, entkernen, waschen und in feine Würfel schneiden. Die Gemüseabschnitte und 1 l Wasser mit Ingwer, Knoblauch, Chili, Sojasauce, Kurkuma, Lorbeer, Honig, Apfelessig sowie je 1 Prise Salz und Pfeffer kalt aufsetzen. Bei mittlerer Hitze langsam aufkochen, dann bei schwacher Hitze 20 bis 30 Minuten ziehen lassen.

03. Inzwischen den Koriander waschen und trocken schütteln, die Blätter abzupfen und fein hacken.

04. Die Gemüsebrühe durch ein feines Sieb in einen zweiten Topf gießen und erneut aufkochen. Das vorbereitete Gemüse und die Pilze dazugeben und in der Brühe 2 bis 3 Minuten ziehen lassen. Die Suppe mit Salz, Pfeffer und nach Belieben Wasabi abschmecken, das Koriandergrün – bis auf 1 EL – dazugeben.

05. Die Suppe auf tiefe Teller oder kleine Schalen verteilen und mit dem restlichen Koriander bestreut servieren.

ZUTATEN
FÜR 6 PERSONEN

+ **1 Sellerieknolle**
+ **3 – 4 Möhren**
+ **4 Gelbe Beten**
+ **1 Stange Lauch**
+ **250 g Enoki (japan. Pilze; alternativ rosa Champignons)**
+ **1 – 2 große Zwiebeln**
+ **50 g Ingwer**
+ **2 Knoblauchzehen**
+ **1 Chilischote**
+ **6 EL glutenfreie Sojasauce**
+ **1 – 2 TL Kurkumapulver**
+ **1 Lorbeerblatt**
+ **2 – 3 TL Honig**
+ **1 Spritzer Apfelessig**
+ **Salz**
+ **Pfeffer aus der Mühle**
+ **1 Bund Koriandergrün**
+ **1 – 2 Msp. Wasabipaste (nach Belieben)**

ZOODLESUPPE
MIT PAK CHOI

ZUBEREITUNG
🥄 25 MIN. ⏱ 10 MIN.

01. Die Brühe in einem Topf erhitzen. Die Kardamomkapseln im Mörser zerstoßen. Ingwer und Knoblauch schälen
und mit dem Messerrücken andrücken. Kardamom, Ingwer,
Knoblauch, Zimtstange und Sternanis in einen Teebeutel
oder ein Teesieb geben und in den Topf mit der Brühe hän-
gen. Die Brühe aufkochen und die Gewürze darin bei schwacher Hitze 10 Minuten ziehen lassen, dann aus dem Topf
nehmen.

02. Inzwischen die Zucchini putzen, waschen und mit dem
Spiralschneider zu Nudeln drehen. Die Limette heiß waschen
und in dünne Scheiben schneiden. Den Pak Choi putzen,
waschen und in 10 cm lange Stücke schneiden. Die Champignons putzen und je nach Größe halbieren oder vierteln. Die
Chilischote entkernen, waschen und in feine Ringe schneiden. Die Zwiebel schälen, halbieren und in Halbringe
schneiden.

03. Zucchini, Pak Choi, Champignons und Zwiebel in der
Brühe 2 bis 3 Minuten ziehen lassen. Die Suppe mit Salz
abschmecken und auf zwei Schüsseln verteilen. Mit Chili und
Limettenscheiben garnieren und mit Öl beträufeln. Sofort
genießen.

**ZUTATEN
FÜR 2 PERSONEN**

+ ½ l Gemüsebrühe
+ 4 Kardamomkapseln
+ 1 haselnussgroßes Stück Ingwer
+ 2 Knoblauchzehen
+ ½ Zimtstange
+ 1 Sternanis
+ 1 Zucchini
+ 1 Bio-Limette
+ 100 g Pak Choi
+ 100 g Champignons
+ ½ rote Chilischote
+ 1 rote Zwiebel
+ Salz
+ 1 EL Sesam- oder Rapsöl

LINSENSUPPE
MIT SÜSSKARTOFFEL-SPAGHETTI

ZUBEREITUNG
🥄 20 MIN. ⏱ 20 MIN.

01. Die Linsen in einem Sieb abbrausen.

02. Die Zwiebel und den Knoblauch schälen und fein würfeln. Den Ingwer schälen und fein reiben.

03. Das Öl in einer Pfanne erhitzen und Zwiebel, Knoblauch und Ingwer hell anbraten.

04. Das Currypulver dazugeben, kurz mit anschwitzen und alles mit der Brühe und der Kokosmilch ablöschen. Alles aufkochen und ca. 5 Minuten köcheln lassen. Dann die Linsen dazugeben und weitere 15 bis 20 Minuten köcheln.

05. Inzwischen die Süßkartoffeln schälen, mit einem Spiralschneider zu Gemüsenudeln verarbeiten und in kochendem Salzwasser in 3 bis 4 Minuten bissfest garen.

06. Die Frühlingszwiebel putzen, waschen und in feine Ringe schneiden.

07. Die Suppe fein pürieren, bei Bedarf noch etwas Brühe zufügen und mit Salz, Pfeffer und Zitronensaft abschmecken. Die Linsensuppe in Schalen verteilen, mit Süßkartoffel-Spaghetti toppen und mit Frühlingzwiebelringen bestreut servieren.

ZUTATEN
FÜR 4 PERSONEN

+ **250 g gelbe Linsen**
+ **1 Zwiebel**
+ **1 Knoblauchzehe**
+ **2 cm Ingwer**
+ **2 EL Olivenöl**
+ **2–3 EL Madras-Currypulver**
+ **700 ml Gemüsebrühe**
+ **200 ml Kokosmilch**
+ **1–2 Süßkartoffeln**
+ **1 Frühlingszwiebel**
+ **Salz**
+ **Pfeffer aus der Mühle**
+ **Zitronensaft**

02

HAUPTSPEISEN

KÜRBIS-PASTA
MIT CRANBERRYS UND GORGONZOLA-DIP

ZUBEREITUNG
⏳ 25 MIN.   ⏱ 15 MIN.

01. Die Cranberrys in eine kleine Schüssel geben, knapp mit kochendem Wasser übergießen und etwa 20 Minuten ziehen lassen.

02. Inzwischen den Kürbis putzen, abspülen, trocken tupfen, halbieren und entkernen. Das Kürbisfleisch z.B. mit einem großen Kochmesser in feine Streifen (Juliennes) schneiden oder mit dem Spiralschneider zu Nudeln verarbeiten.

03. Zwiebeln und Knoblauch schälen, in kleine Würfel schneiden. Butter oder Speiseöl in einer beschichteten Pfanne erhitzen. Zwiebel- und Knoblauchwürfel mit dem Majoran darin andünsten.

04. Die Kürbisstreifen oder -nudeln hinzugeben und unter Wenden etwa 5 Minuten dünsten. Mit Salz und Pfeffer würzen. Die vorbereiteten Cranberrys mit der Einweichflüssigkeit hinzugeben, zugedeckt weitere 2 bis 3 Minuten bei schwacher Hitze dünsten.

05. Dann den Deckel abnehmen und die Kürbis-Cranberry-Mischung unter Wenden mit noch leichtem Biss dünsten und die Flüssigkeit dabei verdampfen lassen.

06. Für die Sauce die Brühe aufkochen. Den Gorgonzola evtl. entrinden. Den Käse in feine Würfel schneiden. Mit der Brühe in einen hohen Mixbecher geben und mit einem Pürierstab kurz durchmixen. Den Joghurt unterrühren. Die Sauce mit etwas Pfeffer und Salz abschmecken.

07. Die Kürbis-Pasta mit der Sauce auf Tellern anrichten. Nach Belieben mit abgespülten, trocken getupften Majoranblättchen garnieren.

ZUTATEN
FÜR 4 PERSONEN

+ 60 g getrocknete Cranberrys
+ 1½ kg Butternutkürbis
+ 2 Zwiebeln
+ 1 Knoblauchzehe
+ 1 EL Butter oder Speiseöl
+ 1—2 TL gerebelter Majoran
+ Salz
+ Pfeffer aus der Mühle

FÜR DIE SAUCE:
+ 75 ml Gemüsebrühe
+ 150 g Gorgonzola
+ 120 g griechischer Joghurt
+ einige Majoranblättchen (nach Belieben)

KARTOFFELNUDELN
MIT SCHAFSKÄSE UND FEIGEN

ZUBEREITUNG
🥄 20 MIN.   ⏱ 5 MIN.

01.   Die Mandeln in einer Pfanne ohne Fett goldbraun rösten und abkühlen lassen. Die Kartoffeln schälen, waschen und mit dem Spiralschneider zu Nudeln drehen. In einen Dämpfeinsatz geben. In einem großen Topf nur wenig Salzwasser zum Kochen bringen, den Dämpfeinsatz hineinstellen und die Kartoffeln zugedeckt bei mittlerer Hitze 5 Minuten dämpfen.

02.   Inzwischen das Basilikum waschen und trocken schütteln, die Blätter abzupfen. Die Zitronenhälfte auspressen. Die Knoblauchzehe schälen. Basilikum, Zitronensaft und Knoblauch mit Öl, Frischkäse, ½ TL Salz und den gerösteten Mandeln im Blitzhacker zu einer glatten Creme pürieren. Mit Pfeffer abschmecken.

03.   Die Feigen waschen, von den Enden befreien und achteln. Die Kartoffelnudeln auf Tellern anrichten und mit der Käsecreme beträufeln. Die Feigen daraufgeben.

🔄   *Wer keine Feigen mag, kann diese einfach weglassen und nach Belieben Schafs- oder Ziegenkäse und ein paar Basilikumblätter über die Creme geben.*

ZUTATEN
FÜR 2 PERSONEN

+ **25 g Mandeln**
+ **450 g festkochende Kartoffeln**
+ **Salz**
+ **30 g Basilikum**
+ **½ Zitrone**
+ **1 Knoblauchzehe**
+ **1 EL Öl**
+ **100 g Schafsfrischkäse (oder Ziegenfrischkäse)**
+ **Pfeffer aus der Mühle**
+ **2 Feigen**

BOSCAIOLA AUS GEMÜSENUDELN
MIT PILZEN

ZUBEREITUNG
🥄 35 MIN. ⏱ 10 MIN.

01. Die Pilze putzen und in Scheiben schneiden. Schalotte und Knoblauch schälen und fein würfeln.

02. Die Butter in einer Pfanne erhitzen und Schalotte, Knoblauch und Bacon darin anbraten. Die Pilze dazugeben und bei hoher Temperatur unter gelegentlichem Schwenken leicht gebräunt braten. Mit Salz und Pfeffer würzen.

03. Die Möhren waschen und mit einem Spiralschneider zu Nudeln verarbeiten.

04. Die Pilze mit Weißwein und Sahne ablöschen, dann etwa 5 Minuten einköcheln lassen. Mit Salz und Pfeffer abschmecken.

05. Die Gemüsenudeln in einer zweiten Pfanne im Olivenöl kurz anbraten und mit der Pilzsauce vermischen. Auf Tellern anrichten, mit gehackter Petersilie und Parmesan bestreuen.

🔄 *Für eine vegetarische Variante einfach den Bacon weglassen und durch 100 g mehr Champignons ersetzen.*

ZUTATEN
FÜR 4 PERSONEN

+ **200 g Champignons**
+ **1 Schalotte**
+ **2 Knoblauchzehen**
+ **1 EL Butter**
+ **100 g Bacon, gewürfelt**
+ **Salz**
+ **Pfeffer aus der Mühle**
+ **800 g bunte Möhren**
+ **100 ml trockener Weißwein**
+ **200 g Sahne**
+ **3 EL Olivenöl**
+ **gehackte Petersilie zum Bestreuen**
+ **geriebener Parmesan zum Bestreuen**

SÜSSKARTOFFELNUDELN
MIT CREMIGER MANGOLDSAUCE

ZUBEREITUNG
🥄 30 MIN.

01. Den Mangold putzen, waschen und trocken schütteln. Die Stiele in etwa 1 cm breite Streifen, die Blätter quer in etwa 2 cm breite Streifen schneiden. Stiele und Blätter getrennt beiseitestellen.

02. Die Süßkartoffeln schälen und mit dem Spiralschneider zu etwa 15 cm langen Nudeln verarbeiten. Den Lauch putzen, waschen, trocken tupfen und längs in etwa 15 cm lange, dünne Streifen schneiden.

03. In einer Pfanne 2 TL Öl erhitzen und die Lauchstreifen darin bei starker Hitze 3 bis 4 Minuten goldbraun anbraten, dann herausnehmen. 1 EL Öl in der Pfanne erhitzen und die Süßkartoffelnudeln darin bei mittlerer Hitze etwa 3 Minuten rösten, bis sie etwas in sich zusammenfallen. Hin und wieder umrühren und zuletzt aus der Pfanne nehmen.

04. Das übrige Öl in der Pfanne erhitzen und die Mangoldstiele darin bei mittlerer Hitze rundherum anbraten, bis sie weich und goldbraun sind. Mit Wein und Brühe ablöschen und aufkochen. Dann bei mittlerer Hitze 5 Minuten köcheln lassen, die Blätter dazugeben, das Cashewmus einrühren, nochmals aufkochen und etwa 1 Minuten kochen, bis die Sauce eindickt. Vom Herd ziehen und mit etwa ½ TL Salz und 1 TL Pfeffer aus der Mühle abschmecken.

05. Zum Servieren Lauchstreifen und Süßkartoffeln unter die Sauce heben. Die Pasta auf vier Schüsseln oder tiefe Teller verteilen und servieren.

ZUTATEN
FÜR 4 PERSONEN

+ **500 g Buntstiel-Mangold**
+ **4 mittelgroße Süßkartoffeln (à ca. 270 g)**
+ **1 mittelgroße Stange Lauch**
+ **3 EL neutrales Pflanzenöl**
+ **¼ l trockener Weißwein (ersatzweise Apfelsaft oder Gemüsebrühe)**
+ **200 ml Gemüsebrühe**
+ **1—2 leicht gehäufte EL Cashewmus**
+ **Salz**
+ **Pfeffer aus der Mühle**

PASTINAKENSPÄTZLE AUS DEM OFEN
MIT LIMBURGER KÄSE

ZUBEREITUNG
🥄 20 MIN.   ⏱ 12 MIN.

01. Den Backofen auf 220 °C vorheizen.

02. Die Zwiebeln schälen, halbieren und in Halbringe
schneiden. Die Butter in einer Pfanne zerlassen und
die Zwiebeln darin bei mittlerer Hitze unter gelegentlichem
Wenden etwa 10 Minuten bräunen.

03. Inzwischen die Pastinaken putzen, schälen und mit
dem Spiralschneider zu Nudeln drehen. Die Pastinakennudeln zu den Zwiebeln geben und 2 bis 3 Minuten mitbra-
ten. Mit ½ TL Salz und etwas Pfeffer würzen. Den Limburger
auf einer Gemüsereibe grob raspeln.

04. Eine kleine Auflaufform (ca. 25 × 16 cm) einfetten. Die
Hälfte der Pastinakennudeln hineingeben und mit der Hälfte
des Käses bestreuen. Die restlichen Nudeln darübergeben
und den restlichen Käse darauf verteilen. Im Ofen auf der
mittleren Schiene 10 bis 12 Minuten überbacken.

💚 *Wer möchte, kann zusätzlich zu den Zwiebeln noch eine
Handvoll Speckwürfel mit anbraten und unter die Pastina-
kenspätzle mischen.*

**ZUTATEN
FÜR 2 PERSONEN**

+ **2 kleine Zwiebeln**
+ **40 g Butter**
  + etwas mehr für die Form
+ **300 g Pastinaken**
+ **Salz**
+ **Pfeffer aus der Mühle**
+ **100 g Limburger Käse**

NOCH MEHR KREATIVE IDEEN
MIT GEMÜSENUDELN

Gemüsenudeln können noch viel mehr, als nur Low-Carb-Pasta-Varianten, Suppeneinlagen oder Salatkomponenten zu sein. Ein paar kreative Ideen, was man mit Gemüse- und Obstnudeln noch zaubern kann, erfahren Sie hier.

Gemüsenudel-Muffins

Bestimmt hat jeder schon einmal von Spaghetti-Muffins gehört. Eine ähnliche Variante sind Gemüsenudel-Muffins. Dafür kocht man die Gemüsenudeln nach Wahl bissfest, braust sie kurz unter kaltem Wasser ab und lässt sie anschließend gründlich abtropfen. Die Mulden eines Muffinblechs einfetten und die Gemüsenudeln zu Nestern geformt in die Mulden legen. Man kann die Gemüsenudel-Nester nach Belieben füllen, z.B. mit

Schinkenwürfeln oder weiterem Gemüse. Abgerundet werden die Muffins mit einer Eiermilch oder -sahne und ordentlich Käse zum Überbacken. Im vorgeheizten Ofen (180 °C) etwa 30 Minuten goldbraun backen.

Pizzaboden aus Gemüsenudeln

Lust auf einen etwas anderen Pizzaboden? Kein Problem! Mit Zucchini- oder Kürbisnudeln lässt sich ein toller Low-Carb-Pizzaboden zaubern. **Für den Zucchiniboden** **1 bis 2 Zucchini** mit dem Spiralschneider zu Nudeln drehen und zwischen zwei Lagen Küchenpapier trocken pressen, nach Belieben die Nudeln quer halbieren. Mit etwas **Parmesan**, **Mozzarella** und **1 Ei** vermengen und auf einem mit Backpapier ausgelegtem Backblech zu einem Pizzaboden formen und flach drücken. Bei 200 °C im Ofen auf der mittleren Schiene etwa 30 Minuten backen. Den Pizzaboden herausnehmen, etwas abkühlen lassen, nach Belieben belegen, mit Käse bestreuen und im Ofen 15 Minute fertigbacken. **Für den Kürbisboden** **1 Hokkaidokürbis oder ½ Butternutkürbis** zu Gemüsenudeln verarbeiten und nach Belieben quer halbieren. Die Kürbisnudeln auf ein mit Backpapier belegtes Backblech legen und bei 200 °C im Ofen auf der mittleren Schiene 15 Minuten weich garen. Anschließend mit etwas **Parmesan**, **Mozzarella** und **1 Ei** vermengen und auf einem mit Backpapier ausgelegtem Backblech zu einem Pizzaboden formen und flach drücken. Für weitere 10 Minuten backen, nach Belieben belegen, mit Käse bestreuen und im Ofen fertig überbacken.

Eiswürfel

Schnell gemacht und ein echter Hingucker im Wasserglas sind Gurkeneiswürfel. Dafür eine Gurke mit dem Spiralschneider zu Gurkennudeln verarbeiten. Je eine Gurkennudel, nach Belieben auch mehr, in die Vertiefungen einer Eiswürfelform legen und mit Wasser auffüllen. Die Eiswürfel im Gefrierfach mindestens 5 Stunden fest werden lassen, am besten über Nacht. Für eine fruchtige Note kann man anstatt der Gurke auch Äpfel oder Birnen verwenden.

Dekoration

Ob als Spiralen oder als Nudeln – mit dem Spiralschneider verarbeitetes Obst und Gemüse schmeckt nicht nur lecker, sondern sieht auch noch richtig toll aus. Die bunten Gemüse- und Obstnudeln eignen sich wunderbar, um herzhafte und süße Speisen zu dekorieren. Aus den Spiralen können Sie kleine Rosen formen, die breiteren Nudeln zu tollen Mustern legen oder zu Röllchen aufrollen und aus feinen Nudeln ganz einfach kleine Nester bauen. Lassen Sie Ihrer Kreativität beim Dekorieren mit Gemüse- und Obstnudeln freien Lauf und probieren und kombinieren Sie Farben, Muster und Figuren, wie es Ihnen gefällt!

ROSEN

aus Gemüsespiralen sind echte Hingucker. Verwendet man verschiedenfarbiges Gemüse, kann man z.B. Quiches mit bunten Gemüserosen dekorieren.

GEBACKENE GEMÜSENUDEL-BRÖTCHEN

Aus Kartoffel- oder Süßkartoffelnudeln kann man wunderbar Brötchen zaubern, die man dann wie ein Sandwich oder einen Burger ganz nach Geschmack belegen kann.

2 bis 3 Kartoffeln zu Gemüsenudeln drehen. Die Kartoffelnudeln in ein Tuch schlagen und die Flüssigkeit herauspressen. Mit **120 ml Milch**, **80 g Kichererbsenmehl** und etwas **Salz** und **Pfeffer** vermengen und 25 Min. kühl stellen.

Anschließend mit einem Anrichtering oder mit den Händen 8 Brötchenhälften formen, auf ein mit Backpapier belegtes Backblech legen und mit **etwas Öl** bestreichen.

Die Brötchen bei 160 °C Umluft im Ofen auf der mittleren Schiene 25 Min. backen, abkühlen lassen und nach Belieben belegen.

ROTE-BETE-SPAGHETTI
MIT KRÄUTERSEITLINGEN UND RICOTTATALERN

ZUBEREITUNG
🌿 50 MIN. ⏱ 3 MIN.

01. Die Roten Beten schälen und mit dem Spiralschneider in Spaghettiform drehen, dabei am besten Einweghandschuhe tragen, denn die Roten Beten färben stark ab. In einem Topf Salzwasser zum Kochen bringen, die Rote-Bete-Spaghetti hineingeben und 2 bis 3 Minuten bissfest blanchieren. In ein Sieb abgießen und kalt abschrecken.

02. Die Pilze putzen, je nach Größe in Scheiben schneiden, halbieren oder vierteln. 2 EL Olivenöl in einer weiten Pfanne erhitzen und die Pilze darin bei starker Hitze unter gelegentlichem Wenden etwa 5 Minuten scharf anbraten. Mit Sojasauce würzen. Vom Herd nehmen, die Pilze mit Haselnussöl und Aceto balsamico beträufeln und marinieren.

03. Den Backofen auf 100 °C vorheizen. Mehl und Backpulver mischen. Schnittlauch und Petersilie waschen und trocken schütteln. Den Schnittlauch in feine Röllchen schneiden. Die Petersilienblätter abzupfen und fein hacken. Die Eigelbe mit Ricotta, Mehl, Pecorino und Zitronenschale zu einem glatten Teig verrühren. Die Kräuter in den Teig rühren und mit Salz und Pfeffer würzen. Die Eiweiße mit 1 Prise Salz steif schlagen. Den Eischnee unter den Teig heben.

04. Das restliche Olivenöl in einer Pfanne erhitzen. Für jeden Taler 1 gehäuften EL Teig hineingeben, flach drücken und bei mittlerer Hitze auf jeder Seite 5 Minuten goldbraun braten. Die Ricottataler im Ofen auf der mittleren Schiene warm halten, bis der Teig komplett aufgebraucht ist.

05. Die Rote-Bete-Spaghetti mit marinierten Pilzen und Ricottatalern anrichten. Vor dem Servieren nach Belieben mit fein gehobelten Mini-Rote-Bete-Scheiben und jungen Mangoldblättern garnieren.

ZUTATEN
FÜR 6 PERSONEN

+ **2 kg Rote Beten**
+ **Salz**
+ **400 g kleine Kräuterseitlinge**
+ **4 EL Olivenöl**
+ **1 TL Sojasauce**
+ **2 EL Haselnussöl (alternativ anderes Nussöl)**
+ **4 EL Aceto balsamico**
+ **45 g Mehl**
+ **½ TL Backpulver**
+ **1 Bund Schnittlauch**
+ **1 Bund Petersilie**
+ **3 Eigelb**
+ **300 g Ricotta**
+ **75 g Pecorino, gerieben**
+ **abgeriebene Schale von 2 Bio-Zitronen**
+ **Pfeffer aus der Mühle**
+ **2 Eiweiß**

PAPRIKANUDELN
MIT PICO DE GALLO

ZUBEREITUNG
🌱 20 MIN.

01. Die Tomaten waschen, vierteln, entkernen und in sehr feine Würfel schneiden. Die Zwiebel schälen und sehr fein würfeln. Den Koriander waschen und trocken schütteln, die Blätter abzupfen und fein hacken. Die Chilischote entkernen und sehr fein hacken. Die Limettenhälfte auspressen. Die vorbereiteten Zutaten in einer Schüssel gründlich mischen und mit Salz abschmecken.

02. Die Paprikaschoten waschen. Den Spiralschneider auf das breite Messer ohne Spiralen einstellen. Den Paprikastiel jeweils vorsichtig abschneiden, die Schote mit dem Stielende auf die Seite mit der Kurbel des Spiralschneiders setzen. Die Schote nur bis zur Hälfte durchdrehen. Die obere Hälfte mit den Kernen abnehmen, entkernen und in Stifte schneiden.

03. Die Bohnen in zwei Schüsseln geben und die Paprikanudeln darauf anrichten. Dann die Tomatensauce darübergeben. Zuletzt die Tortillachips in die Nudeln stecken. Die Paprikastifte dazureichen.

💡 *Wer keinen Spiralschneider mit Handkurbel besitzt, kann die Paprika alternativ auf die passende Größe zuschneiden und dann mit dem kleineren Spiralschneider zu Nudeln drehen. Auch ohne Spiralschneider klappt's: Entweder mit dem Messer in feine Nudeln schneiden oder den Sparschäler verwenden.*

ZUTATEN
FÜR 2 PERSONEN

+ **200 g Tomaten**
+ **1 kleine rote Zwiebel**
+ **4 Stiele Koriander**
+ **½ grüne Chilischote**
+ **½ Limette**
+ **Salz**
+ **2 große gelbe Paprikaschoten**
+ **400 g schwarze Bohnen in Chilisauce (aus der Dose)**
+ **1 Handvoll Mais-Tortillachips (Natur)**

ASIATISCHE GEMÜSE-SPAGHETTI
MIT ERDNÜSSEN

ZUBEREITUNG
🥄 20 MIN.   ⏱ 15 MIN.

01. Schalotte, Knoblauch und Ingwer schälen und in feine Würfel schneiden. Die Peperoni halbieren, entkernen, waschen und ebenfalls fein würfeln. Möhren und Petersilienwurzeln putzen und schälen. Die Zucchini putzen und waschen. Das Gemüse mithilfe des Spiralschneiders zu feinen Spaghetti verarbeiten.

02. Öl, Schalotten-, Knoblauch-, Ingwer- und Peperoniwürfel sowie die Brühe in einen Topf geben. Den Deckel schließen und alles etwa 7 Minuten garen. Die Nudeln dazugeben, mit Salz, Sojasauce und Chilipulver würzen und weitere 7 Minuten garen. Dann die Gemüse-Spaghetti hinzufügen und 2 bis 3 Minuten fertig garen.

03. Den Spinat verlesen, waschen und trocken schleudern. Zum Servieren den Spinat unter die Gemüse-Spaghetti heben, auf vier Teller verteilen und mit je 1 EL gerösteter Erdnüsse bestreuen.

⭐ *Wer reine Low-Carb-Nudeln möchte, lässt die Spaghettini weg und ersetzt sie durch 70 g mehr Gemüsenudeln. Dann verkürzt sich aber die Garzeit.*

ZUTATEN
FÜR 4 PERSONEN

+ 1 Schalotte
+ 1 Knoblauchzehe
+ 60 g Ingwer
+ 1 rote Peperoni
+ 1–2 bunte Möhren (ca. 150 g)
+ 1–2 Petersilienwurzeln (ca. 150 g)
+ ½ gelbe oder grüne Zucchini (ca. 150 g)
+ 1 TL Erdnussöl
+ 200 ml Gemüsebrühe
+ 70 g Spaghettini
+ Salz
+ 1 TL Sojasauce
+ Chilipulver
+ 1 Handvoll junger Spinat
+ 4 EL geröstete Erdnüsse

GEMÜSENUDELN
MIT SOJASAUCE

ZUBEREITUNG
🌱 20 MIN. ⏱ 5 MIN.

ZUTATEN
FÜR 4 PERSONEN

01. Die Möhren schälen, die Zucchini putzen und waschen und mit dem Spiralschneider zu Gemüsenudeln verarbeiten oder mit einem scharfen Messer in feine Streifen schneiden.

02. Die Sojasprossen verlesen, waschen und trocken schütteln. Das Öl in einer Pfanne oder einem Wok erhitzen. Die Möhrenstreifen darin 2 bis 3 Minuten anbraten, dann Zucchini und Sojasprossen zugeben.

03. Mit der Sojasauce ablöschen, den Limettensaft zugeben und alles unter Schwenken 2 bis 3 Minuten fertig garen. Das Gemüse sollte noch gut Biss haben. Auf Tellern anrichten, mit Petersilie, Sesam und Röstzwiebeln bestreut servieren.

+ **je 200 g gelbe und orangene Möhren**
+ **3 Zucchini**
+ **1 große Handvoll Sojasprossen**
+ **2 EL Sesamöl**
+ **75 ml Sojasauce**
+ **Saft von 1 Limette**
+ **2 EL gehackte Petersilie**
+ **2 TL schwarze Sesamsamen**
+ **2 EL Röstzwiebeln**

💚 *Zu den Gemüsenudeln mit Sojasauce passt auch scharf angebratenes Rindfleisch oder Räuchertofu.*

ZUCCHININUDELN
MIT TOMATEN-BRATWURST-SAUCE

ZUBEREITUNG
20 MIN.   **5 MIN.**

01. Die Bratwurst in 1 cm breite Stücke schneiden. In einer tiefen beschichteten Pfanne das Öl erhitzen und die Wurststücke darin ringsum scharf anbraten.

02. Tomaten, Kräuter und Zucker hinzugeben, etwa 5 Minuten offen köcheln lassen und mit Salz abschmecken.

03. Die Zucchini waschen, abtropfen lassen und die Enden abschneiden. Dann die Zucchini mit dem Spiralschneider spiralisieren oder mithilfe des Sparschälers längs in dünne Streifen schneiden.

04. Die Spaghetti in reichlich kochendem Salzwasser nach Packungsanweisung bissfest kochen, dabei gelegentlich umrühren. 2 bis 3 Minuten vor Ende der Garzeit die Zucchininudeln hinzufügen und bissfest mitgaren. Anschließend die Nudeln in ein Sieb geben, mit heißem Wasser abspülen und abtropfen lassen.

05. Die Nudeln mit der Würstchensauce vermengen, auf Tellern anrichten und servieren.

⭐ *Für eine vegetarische Variante die Bratwurst weglassen und ersatzweise 250 g rote Paprikaschoten verwenden. Dafür die Paprikaschoten längs halbieren, entkernen, waschen und in Streifen oder 1 cm große Stücke schneiden. Anschließend wie mit der Bratwurst weiterverfahren.*

**ZUTATEN
FÜR 4 PERSONEN**

+ **250 g grobe Bratwurst**
+ **1 TL Speiseöl**
+ **500 ml passierte Tomaten (aus der Dose)**
+ **15 g italienische TK-Kräuter**
+ **½ TL Zucker**
+ **Salz**
+ **2 Zucchini (ca. 400 g)**
+ **250 g Spaghetti**
+ **Salz**

GURKENNUDELN
MIT RÄUCHERFORELLE

ZUBEREITUNG
20 MIN. + 15 MIN. WARTEN

01. Die Gurken waschen, putzen, schälen und mit einem Spiralschneider zu Gemüsenudeln verarbeiten. Leicht salzen und in einer Schüssel etwa 15 Minuten ziehen lassen. Ausgetretenes Wasser abgießen.

02. Den Dill verlesen, waschen, trocken schütteln und die Spitzen abzupfen.

03. Joghurt, Crème fraîche, Buttermilch, Schale und Saft der Zitronenhälfte, Essig, Salz, Pfeffer und die Hälfte des rosa Pfeffers zu den Gurkennudeln geben. Alles gut durchmischen, abschmecken und die Dillspitzen dazugeben. Ein paar zur Deko beiseitelegen.

04. Die marinierten Gurkennudeln in tiefen Tellern anrichten und das übrige Dressing darüber verteilen. Die Forellenfilets in je 2 Stücke teilen und auf den Gurkennudeln platzieren.

05. Mit restlichem Dill und rosa Pfeffer garnieren und servieren.

ZUTATEN
FÜR 4 PERSONEN

+ **2 Salatgurken**
+ **Salz**
+ **4 Stiele Dill**
+ **100 g Joghurt**
+ **50 g Crème fraîche**
+ **2 EL Buttermilch**
+ **Schale und Saft von ½ Bio-Zitrone**
+ **1 EL Weißweinessig**
+ **Pfeffer aus der Mühle**
+ **1 TL rosa Pfeffer, leicht zerstoßen**
+ **4 geräucherte Forellenfilets**

⭐ *Die Gurkennudeln mit Räucherforelle sind die ideale frische Mahlzeit für den Sommer. Lässt man die Räucherforelle weg, kann man die angemachten Gurkennudeln auch wunderbar als Salat zu einem Hauptgericht servieren.*

SELLERIENUDELN
MIT SAUCE ALLA SICILIANA

ZUBEREITUNG
🍴 **25 MIN.** ⏱ **15 MIN. + 30 MIN. WARTEN**

01. Die Aubergine putzen, waschen, trocken tupfen und in 1 cm dicke Scheiben schneiden. Die Scheiben auf beiden Seiten salzen, nebeneinander auf Küchenpapier legen und etwa 30 Minuten stehen lassen, um der Aubergine Wasser zu entziehen.

02. Inzwischen den Sellerie schälen und mit dem Spiralschneider zu Nudeln drehen. Die Zwiebel schälen, vierteln und in grobe Würfel schneiden. Den Knoblauch schälen und fein hacken. Die Tomaten waschen und in grobe Würfel schneiden, dabei jeweils den Stielansatz entfernen. Die Oliven ebenfalls in grobe Würfel schneiden, die Kapern abtropfen lassen. Den Parmesan in grobe Späne hobeln. Die Auberginenscheiben trocken tupfen und in grobe Würfel schneiden.

03. Das Olivenöl in einer Pfanne erhitzen, Zwiebel und Knoblauch darin anbraten. Die Auberginenwürfel dazugeben und bei mittlerer Hitze 5 Minuten weiterbraten. Tomaten, Oliven und Kapern hinzufügen und alles zugedeckt bei mittlerer Hitze etwa 10 Minuten köcheln lassen. Die Sellerienudeln in die Sauce geben und das Ganze weitere 4 Minuten köcheln lassen. Die Sellerienudeln mit der Sauce auf Teller verteilen und mit Parmesan bestreuen.

ZUTATEN
FÜR 2 PERSONEN

+ **200 g Auberginen**
+ **Salz**
+ **600 g Knollensellerie**
+ **1 rote Zwiebel**
+ **1 Knoblauchzehe**
+ **2 Tomaten**
+ **75 g grüne Oliven (ohne Stein)**
+ **25 g Kapern (im Glas)**
+ **50 g Parmesan**
+ **3 EL Olivenöl**

ZUCCHININUDEL-KUCHEN
MIT PARMESAN UND PINIENKERNEN

ZUBEREITUNG
20 MIN.   50 MIN.

01. Die Zucchini waschen, die Enden abschneiden und mit dem Spiralschneider zu Gemüsenudeln verarbeiten. In kochendem Salzwasser 1 bis 2 Minuten blanchieren, eiskalt abschrecken und abtropfen lassen.

02. Eine Springform (20 cm Ø) mit dem Olivenöl einfetten und den Backofen auf 175 °C vorheizen.

03. Die Pinienkerne in einer Pfanne ohne Fett leicht rösten, vom Herd nehmen und abkühlen lassen.

04. Eier, Quark, Schmand, Sahne und 75 g Parmesan miteinander verrühren. Mit Salz, Pfeffer und Zitronensaft würzen.

05. Die Zucchininudeln in die Springform geben und die Eier-Quark-Masse darübergießen. Im Ofen auf der mittleren Schiene 45 bis 50 Minuten backen.

06. Abkühlen lassen, aus der Form lösen, mit übrigem Parmesan und Basilikum garnieren. Nach Belieben noch leicht warm oder kalt servieren.

Wer möchte, kann die Quarkmasse noch mit Gewürzen oder Kräutern nach Wahl verfeinern.

ZUTATEN
FÜR 1 KUCHEN

+ **3 große Zucchini**
+ **Salz**
+ **2 EL Olivenöl für die Form**
+ **4 EL Pinienkerne**
+ **4 Eier (Größe M)**
+ **150 g Quark**
+ **150 g Schmand**
+ **150 g Sahne**
+ **100 g Parmesan, gerieben**
+ **Pfeffer aus der Mühle**
+ **2 EL Zitronensaft**
+ **Basilikum zum Garnieren**

RETTICHNUDELN MIT KÄSECREME
UND BREZENCROÛTONS

ZUBEREITUNG
🥄 20 MIN. + 10 MIN. WARTEN

01. Die Butter schaumig rühren. Die Zwiebel schälen und sehr fein würfeln.

02. Den Camembert in einer Schüssel mit einer Gabel fein zerdrücken, dann Zwiebel und Butter zugeben. Mit Paprikapulver, Salz, Pfeffer und Kümmel würzen und vermengen. Mit dem Bier cremig verrühren.

03. Für die Rettichnudeln den Rettich schälen und mit dem Spiralschneider zu Nudeln verarbeiten. In eine Schüssel geben, salzen und 10 Minuten Wasser ziehen lassen.

04. Für die Brezencroûtons die Butter in einer Pfanne erhitzen. Die Breze in kleine Würfel schneiden und in der Butter leicht bräunen. Auf Küchenpapier abtropfen lassen.

05. Die Radieschen putzen, waschen und in dünne Streifen schneiden. Den Rettich aus der Schüsseln nehmen, gut abtropfen lassen und auf Tellern anrichten.

06. Je 1 Nocke Käsecreme darauf platzieren und die Radieschen über dem Rettich verteilen. Die Croutons darüberstreuen, mit Kresse garnieren und mit Pfeffer übermahlen.

ZUTATEN
FÜR 4 PERSONEN

FÜR DIE KÄSECREME:
+ 1 EL weiche Butter
+ 1 kleine Zwiebel
+ 250 g reifer Camembert
+ ½ TL Paprikapulver, edelsüß
+ Salz
+ Pfeffer aus der Mühle
+ gemahlener Kümmel
+ 2—3 EL Bier

AUSSERDEM:
+ 1 großer Rettich
+ Salz
+ 2 EL Butter
+ 1 Breze
+ 2—3 Radieschen
+ 1 kleine Handvoll Gartenkresse zum Garnieren

LACHSFILET AUF ZUCCHININUDELN
UND ORANGEN

ZUBEREITUNG
20 MIN.   20 MIN.

01. Den Backofen auf 200 °C vorheizen und vier Stücke Backpapier (ca. 30 × 30 cm) zurechtschneiden.

02. Die Zucchini putzen, waschen, mit dem Spiralschneider zu Gemüsenudeln verarbeiten und leicht salzen.

03. Die Orangen waschen, trocken reiben und die Schale in Zesten abziehen. Anschließend mit einem Messer großzügig schälen, um die weiße Haut zu entfernen. Die Filets herauslösen, austretenden Saft dabei in einer Schüssel auffangen.

04. Den Fisch kalt abbrausen, trocken tupfen, mit Salz und Pfeffer würzen.

05. Die Zucchininudeln und die Orangenfilets mittig auf den Papierquadraten verteilen und je 1 Fischfilet daraufsetzen. Orangensaft und Olivenöl darüberträufeln, die Orangenzesten darauf verteilen, das Papier darüber einschlagen und zu Päckchen verschließen.

06. 15 bis 20 Minuten im Ofen garen. Nach Belieben mit Fleur de Sel bestreut servieren.

ZUTATEN
FÜR 4 PERSONEN

+ **3 große Zucchini**
+ **Salz**
+ **2 Bio-Orangen**
+ **4 Lachsfiletstücke (à ca. 200 g, ohne Haut und Gräten)**
+ **Pfeffer aus der Mühle**
+ **2 EL Olivenöl**
+ **Fleur de Sel (nach Belieben)**

03

NACHSPEISEN

SPAGHETTIEIS AUS MELONEN
MIT ERDBEEREN

ZUBEREITUNG
🥄 15 MIN.

01. Die Sahne mit der Vanille steif schlagen. Frische Erdbeeren putzen, waschen und je nach Größe halbieren oder
vierteln. TK-Beeren eventuell auftauen lassen. Die Beeren
in einem hohen Rührbecher mit dem Stabmixer glatt
pürieren. Die Schokolade grob raspeln. Die Melone schälen
und mit dem Spiralschneider zu Spaghetti drehen.

02. Die Sahne auf zwei Dessertbecher verteilen und die
Melonenspaghetti darauf anrichten. Das Erdbeerpüree darüber verteilen. Zum Servieren mit Schokoraspeln bestreuen.

🔄 *Wer es etwas leichter mag, kann die Sahne auch gegen
Naturjoghurt oder Speisequark (20 % Fett) austauschen oder
die Hälfte der Sahne unter 100 g Quark oder Joghurt heben.*

**ZUTATEN
FÜR 2 PERSONEN**

+ **100 g Sahne**
+ **1—2 Msp. gemahlene Vanille**
+ **100 Erdbeeren (frisch oder TK)**
+ **25 g weiße Schokolade**
+ **250 g Galia-Melone**

APFEL-SCHOKO-PORRIDGE
AUS DEM OFEN

ZUBEREITUNG
🥄 15 MIN.   ⏱ 20 MIN.

01. Den Backofen auf 190 °C vorheizen. Die Äpfel waschen, trocken reiben und mit dem Spiralschneider zu etwa 15 cm langen Nudeln verarbeiten.

02. Die Haferflocken mit Kakaopulver, Zimt, 1 Prise Salz, Pflanzendrink und Zuckerrübensirup (oder Ahornsirup) vermengen.

03. Die Flockenmischung in eine Auflaufform (ca. 25 × 15 cm) füllen, die Apfelnudeln darüber verteilen und leicht andrücken.

04. Die Erdnüsse mittelfein hacken und über die Äpfel streuen. Zum Schluss das Kokosöl in Flöckchen darauf verteilen.

05. Das Porridge im Ofen auf der mittleren Schiene etwa 18 Minuten backen. Herausnehmen und vor dem Servieren 5 Minuten abkühlen lassen

🔄 *Man kann die Äpfel auch durch Birnen ersetzen oder statt einem Pflanzendrink Milch verwenden.*

**ZUTATEN
FÜR 4 PERSONEN**

+ **4 kleine Äpfel (à ca. 90 g)**
+ **160 g kernige Haferflocken (Großblatt)**
+ **1 gestrichener EL Kakaopulver (stark entölt)**
+ **½ TL Zimtpulver**
+ **Salz**
+ **400 ml Pflanzendrink (ungesüßt; z.B. Hafer-, Soja- oder Reisdrink)**
+ **1 EL Zuckerrübensirup (oder 2 EL dunkler Ahornsirup)**
+ **2 EL Erdnusskerne**
+ **1 leicht gehäufter TL natives Kokosöl**

MÖHRENMUFFINS
MIT FRISCHKÄSE-FROSTING

ZUBEREITUNG
🌱 25 MIN. ⏱ 25 MIN.

01. Den Backofen auf 180 °C vorheizen. Acht Muffin-
förmchen (ca. 100 ml) bereitstellen und mit Backpapier-
stücken auslegen, sodass der Rand des Papiers etwa
in doppelte Höhe über die Förmchen hinausragt.

02. Die Möhren schälen, mit dem Spiralschneider zu
Nudeln drehen und in einer Schüssel mit Zitronenschale und
-saft vermischen. Ein Drittel der Möhren beiseitestellen.

03. Die Mandeln mit dem Mehl und dem Backpulver
vermischen und zu den übrigen Möhren geben.

04. In einer separaten Schüssel das Ei verquirlen. Honig,
Zucker, Vanillezucker, Öl und saure Sahne zugeben und alles
gut vermischen. Die Mandel-Möhren-Mischung zufügen
und alles rasch vermengen.

05. Den Teig auf die vorbereiteten Förmchen verteilen, mit
den übrigen Möhrenstreifen belegen und die Muffins im
Ofen etwa 25 Minuten goldbraun backen (Stäbchenprobe).

06. Die Muffins herausnehmen und vollständig abkühlen
lassen.

07. Für das Frosting den Frischkäse mit der Butter und dem
gesiebten Puderzucker cremig rühren, dann Kurkuma und
Vanillezucker unterrühren. Die Creme abschmecken, in einen
Spritzbeutel mit Lochtülle füllen, in Spiralen auf die Muffins
spritzen und mit gehackten Mandeln bestreuen.

08. Die Muffins in den Förmchen mitsamt dem Papier
servieren.

ZUTATEN
FÜR 8 STÜCK

FÜR DIE MUFFINS:
+ **250 g Möhren**
+ **Schale und Saft von ½ Bio-Zitrone**
+ **150 g gemahlene Mandeln**
+ **80 g Mehl**
+ **1 TL Backpulver**
+ **1 Ei (Größe M)**
+ **40 g Honig**
+ **80 g brauner Zucker**
+ **1 EL Vanillezucker**
+ **80 ml Pflanzenöl**
+ **170 g saure Sahne**

FÜR DAS FROSTING:
+ **150 g Doppelrahmfrischkäse**
+ **50 g weiche Butter**
+ **80 g Puderzucker**
+ **1 Prise Kurkumapulver**
+ **2 EL Vanillezucker**
+ **2 EL gehackte geschälte Mandeln zum Bestreuen**

VEGANE SCHOKO-ZUCCHINI-TARTE
MIT HEIDELBEEREN

ZUBEREITUNG
30 MIN. **25 MIN. + 30 MIN. KÜHLZEIT**

01. Für den Tarteboden den Backofen auf 170 °C vorheizen. Eine Tarte- oder Springform (26 cm Ø) mit Öl einfetten. Die Zucchini waschen, trocken tupfen und die Enden abschneiden. Dann die Zucchini mit dem Spiralschneider zu etwa 10 cm langen Streifen verarbeiten, benötigt werden 100 g.

02. Die Schokolade grob hacken und mit Cashewmus und Kokosöl in einer Metallschüssel im heißen Wasserbad unter Rühren schmelzen. Den Agavendicksaft unterrühren.

03. Mehl, Vanille, Backpulver und 1 Prise Salz in einer Rührschüssel mischen. Die Schokoladenmischung und das Mineralwasser mit einem Rührlöffel nur so lange untermengen, bis kein trockenes Mehl mehr zu sehen ist.

04. Den Teig in die Form gießen, die Zucchini darauf verteilen und leicht eindrücken. Den Kuchen im Ofen auf der mittleren Schiene etwa 25 Minuten backen, die Mitte des Bodens sollte noch etwas weich sein. Aus dem Ofen nehmen und in der Form abkühlen lassen. Dann aus der Form lösen und auf einen großen Teller legen.

05. Für den Belag die Schokolade fein hacken und in eine Rührschüssel füllen. Sojacreme, Kokosöl, Vanillepulver und Agavendicksaft in einem Topf erhitzen, bis die Masse gerade zu köcheln beginnt. Sofort vom Herd nehmen und die Flüssigkeit über die Schokolade gießen. 2 Minuten stehen lassen, dann alles vorsichtig zu einem homogenen Frosting verrühren. Das Frosting lauwarm abkühlen lassen, es sollte eine puddingähnliche Konsistenz haben.

06. Die Heidelbeeren verlesen, waschen und trocken tupfen. Das Frosting auf dem Kuchenboden verstreichen und die Beeren darauf verteilen. Die Tarte vor dem Anschneiden 20 bis 30 Minuten kühl stellen.

ZUTATEN FÜR 12 STÜCKE ODER 1 TARTE

FÜR DEN BODEN:
+ Etwas Öl für die Form
+ 1 kleine Zucchini (ca. 150 g)
+ 100 g Zartbitterschokolade (mind. 60 % Kakaoanteil)
+ 30 g Cashewmus
+ 40 g natives Kokosöl
+ 4 EL Agavendicksaft (oder Ahornsirup)
+ 170 g Weizen- oder Dinkelvollkornmehl
+ 1 TL Vanillepulver
+ 1 gestr. TL Backpulver
+ Salz
+ 200 ml Mineralwasser (mit Kohlensäure)

FÜR DEN BELAG:
+ 70 g Zartbitterschokolade (mind. 60 % Kakaoanteil)
+ 150 ml Sojacreme
+ 1 TL natives Kokosöl
+ 2 Msp. Vanillepulver
+ 2 TL Agavendicksaft (oder Ahornsirup)
+ 100 g Heidelbeeren

SÜSSER KOKOSSCHMAND –
ZUM TOPPEN UND VERFEINERN

ZUBEREITUNG 🥄 5 MIN. + 2 STD. KÜHLEN
ZUTATEN FÜR 4 PERSONEN (250–300 G)

Eine Schüssel mit Küchenpapier auslegen. Die **Kokosmilch-
dose (400 g, mind. 60 % Kokosnussanteil)** öffnen, das
feste Kokosmus mit einem Löffel vorsichtig abschöpfen und
auf das Papier geben. Gut trocken tupfen.

Das Kokoswasser abgießen und auffangen. Es kann für
Saucen und zum Backen verwendet werden und hält sich
mehrere Monate im Tiefkühlschrank.

Das Kokosmus mit ⅓ TL **Johannisbrotkernmehl** und
1 EL Agavendicksaft (oder Ahornsirup) mit dem Schneebesen
glatt rühren. Den Kokosschmand zugedeckt mindestens
2 Stunden kühl stellen, am besten über Nacht.

Anschließend aus dem Kühlschrank
nehmen, 10 Minuten bei Raum-
temperatur stehen lassen und sofort
verwenden oder mit den Quirlen
des Handrührgeräts 2 bis 3 Minuten
luftig aufschlagen.

💚 *Der Kokosschmand
eignet sich hervorragend
als Topping oder Frosting-
grundlage für Muffins oder
Kuchen. Verfeinert mit
Kokosraspeln, sorgt das
Kokostopping für eine exoti-
sche Geschmacksnote.*

Die Vanillesauce ist super, wenn man Obstnudeln oder Desserts etwas aufpeppen möchte. Aber auch zu Pancakes oder Spiralpuffern kann man sie wunderbar servieren.

VANILLESAUCE —
ZU OBSTNUDELN UND SPIRALPUFFERN

ZUBEREITUNG 10 MIN. + 2 STD. WARTEN
ZUTATEN FÜR 4 PERSONEN (CA. 600 ML)

150 g Cashewkerne in einer Schüssel mit **300 ml kochend heißem Wasser** übergießen und 2 Stunden einweichen.

Dann in ein Sieb abgießen und abtropfen lassen. Die Cashewkerne mit **2 EL Agavendicksaft** (oder Ahornsirup), dem **Mark von 1 Vanilleschote** und **½ l Wasser** im Mixer oder in einem hohen Becher mit dem Stabmixer sehr fein pürieren, bis eine sahneartige Flüssigkeit entstanden ist.

Die Flüssigkeit in einem Topf unter ständige Rühren mit dem Schneebesen aufkochen und 3 bis 4 Minuten köcheln lassen, bis die Sauce deutlich eingedickt ist. Den Topf von der Herdplatte nehmen.

Die Sauce direkt verwenden, weiterverarbeiten oder zum Aufbewahren abkühlen lassen.

Im Kühlschrank ist die Vanillesauce 2 bis 3 Tage haltbar, im Tiefkühlfach bis zu 2 Monate.

HIMBEERCREME
MIT GURKENNUDELN

ZUBEREITUNG
20 MIN.

01. Die Himbeeren verlesen, waschen und abtropfen lassen. Eine halbe Handvoll Himbeeren für die Garnitur beiseitelegen und die übrigen Himbeeren mit einer Gabel fein zerdrücken.

02. Den Quark mit Zucker, Frischkäse, Sahne, Schale und Saft der Zitronenhälfte sowie dem Vanilleextrakt glatt rühren.

03. Das Himbeermark untermischen, die Himbeercreme nach Geschmack noch etwas süßen und abschmecken.

04. Die Gurken schälen und mit dem Spiralschneider zu Nudeln drehen. Ein paar Gurkennudeln für die Garnitur beiseitestellen. Die restlichen Gurkennudeln mit dem Himbeerquark vermischen und in Schalen verteilen.

05. Die Gurkenstreifen darauf anrichten und alles mit Himbeeren und Granatapfelkernen bestreuen. Die Zartbitterschokolade darüberraspeln und die Creme servieren.

💡 *Da die Gurke zu 95 % aus Wasser besteht, ist dieses ungewöhnliche Dessert ein wahrer Frischekick und die ideale Nachspeise für heiße Tage. Kein Fan von Gurken? Dann probieren Sie das Dessert doch mal mit Apfelnudeln aus.*

ZUTATEN
FÜR 4 PERSONEN

+ **400 g Himbeeren**
+ **220 g Sahnequark**
+ **1 EL Zucker**
+ **200 g Frischkäse**
+ **2 EL Sahne**
+ **Schale und Saft von ½ Bio-Zitrone**
+ **1 TL Vanilleextrakt**
+ **2 kleine Gurken oder 1 Salatgurke**
+ **Kerne von 1 kleinen Granatapfel**
+ **40 g Zartbitterschokolade**

UNSER LIEBLING

NASHIBIRNENNUDELN
MIT SCHOKOCREME

ZUBEREITUNG
🥄 40 MIN.

01. Für die Schokocreme die Schokolade fein hacken und in einer Metallschüssel im heißen Wasserbad unter Rühren schmelzen. Die Avocados halbieren und entkernen, das Fruchtfleisch mit einem Esslöffel aus den Schalen lösen.

02. Avocados, Pflanzendrink, Agavendicksaft und Vanille im Mixer oder in einem hohen Rührbecher mit dem Stabmixer fein pürieren, es sollten keine Stücke mehr zu sehen sein. Die lauwarme Schokolade unterheben. Die Masse kühl stellen.

03. Für die Birnennudeln die Birnen waschen und abtropfen lassen. Für die Deko aus dem Granatapfel die Kerne herauslösen, dazu die Granantapfelhälfte in eine tiefe Schüssel halten und mit einem Holzlöffel von außen auf die Schale klopfen. Die weißen Trennwände entfernen. Die Minze waschen, trocken schütteln und die Blätter abzupfen.

04. Die Birnen mit dem Spiralschneider zu etwa 15 cm langen Streifen verarbeiten und diese auf vier Dessertteller verteilen. Die Schokocreme als große Nocken daraufsetzen. Mit den Granatapfelkernen und der Minze bestreut servieren.

💚 *Dazu passt eine Spekulatiussauce. Dafür die Vanillesauce von Seite 77 (ca. 600 ml) mit 1 EL Agavendicksaft (oder Ahornsirup) und 1 gestrichenen TL Spekulatiusgewürz verquirlen. Die Schale von einer ½ Bio-Orange unterheben und die Sauce bis zum Servieren kühl stellen.*

ZUTATEN
FÜR 4 PERSONEN

FÜR DIE SCHOKOCREME:

+ **150 g Zartbitterschokolade**
+ **2 mittelgroße reife Avocados (am besten Sorte „Hass")**
+ **180 ml Pflanzendrink (ungesüßt; z.B. Sojadrink)**
+ **2 ½ EL Agavendicksaft (oder Ahornsirup)**
+ **1 TL Vanillepulver**

FÜR DIE BIRNENNUDELN
UND DIE DEKO:

+ **2 Nashibirnen (à ca. 350 g; ersatzweise Birnen bzw. Äpfel)**
+ **½ kleiner Granatapfel**
+ **2—3 Stiele Minze (oder Zitronenmelisse)**

GERINGELTE APFELTÖRTCHEN
MIT NÜSSEN

ZUBEREITUNG
30 MIN. + 1 STD. KÜHLEN

01. Ein Muffinblech mit sechs Vertiefungen mindestens 1 Stunde ins Tiefkühlfach stellen.

02. Die Nüsse in einer beschichteten Pfanne ohne Fett bei mittlerer Hitze etwa 5 Minuten unter gelegentlichem Wenden rösten. 50 g Nüsse mit Haferflocken, Cranberrys, Kakaobutter und 3 EL Wasser im Blitzhacker zu einer homogenen Masse pürieren.

03. Die Masse als Böden fest in die Mulden des Muffinblechs drücken, dabei jeweils einen Rand hochziehen und eine Schale formen. Das Muffinblech mit den Böden in den Kühlschrank stellen.

04. Den Quark in einer Schüssel mit dem Ahornsirup cremig verrühren. Die Zitronenhälfte auspressen. Den Apfel schälen und mit Kerngehäuse spiralisieren. Die Apfelspiralen mit dem Zitronensaft mischen, damit sie nicht braun werden. Die restlichen Nüsse grob hacken.

05. Die Creme auf die Törtchenböden verteilen. Die Apfelspiralen darauf zu kleinen Türmchen drehen und mit gehackten Nüssen bestreuen.

ZUTATEN
FÜR 6 TÖRTCHEN

+ **70 g gemischte Nusskerne**
+ **75 g kernige Haferflocken**
+ **40 g getrocknete Cranberrys**
+ **30 g Kakaobutter**
+ **125 g Speisequark (20 % Fett)**
+ **1 ½ EL Ahornsirup**
+ **½ Zitrone**
+ **½ säuerlicher Apfel (z.B. Boskop)**

SAFTIGER KÜRBISKUCHEN
MIT KOKOSFROSTING

ZUBEREITUNG
🥄 **40 MIN.**   ⏱ **35 MIN.**

01. Für den Kuchen den Kürbis mit dem Spiralschneider zu etwa 20 cm langen Nudeln verarbeiten. Mehl, Zimt, Vanille, 1 Masserspitze Salz, Backpulver und Zucker in einer Schüssel mischen. Mineralwasser und Öl verrühren. Die Mineralwassermischung zur Mehlmischung geben und alles mit einem Kochlöffel nur so lange verrühren, bis kein trockenes Mehl mehr zu sehen ist.

02. Den Backofen auf 190 °C vorheizen. Eine Springform (26 cm Ø) am Rand einfetten, den Boden mit Backpapier auslegen. 2 EL Zucker auf dem Backpapier verteilen und die Kürbisspiralen gleichmäßig locker darauflegen. Den Teig darübergießen und glatt streichen.

03. Den Kuchen im Ofen auf der mittleren Schiene 35 Minuten backen. Herausnehmen und in der Form abkühlen lassen. Anschließend auf einen großen Teller stürzen und das Backpapier abziehen.

04. Für das Frosting den Kokosjoghurt mit der Vanille verrühren und alles mit den Quirlen des Handrührgeräts 2 bis 3 Minuten luftig aufschlagen. Das Frosting auf dem Kuchen verteilen, dabei einen etwa 4 cm breiten Rand lassen, danach mit dem Zimt bestreuen.

05. Die Kürbiskerne in einem Topf ohne Fett anrösten, dann den Topf von der Herdplatte nehmen. Den Agavendicksaft (oder Ahornsirup) und 1 Prise Salz unter die Kürbiskerne rühren und die Mischung auf einem Teller abkühlen lassen. Die Granatapfelkerne und die Kürbiskerne auf das Frosting streuen.

ZUTATEN FÜR 12 STÜCKE ODER 1 KUCHEN

FÜR DEN KUCHEN:
+ **200 g Butternutkürbis-Fruchtfleisch (am Stück)**
+ **300 g Weizen- oder Dinkelvollkornmehl**
+ **2 leicht gehäufte TL Zimtpulver**
+ **1 TL Vanillepulver (oder das Mark von 1 kleinen Vanilleschote)**
+ **Salz**
+ **2 leicht gehäufte TL Backpulver**
+ **100 g Zucker + 2 EL für die Form**
+ **270 ml Mineralwasser (mit Kohlensäure)**
+ **80 ml neutrales Pflanzenöl + etwas mehr für die Form**

FÜR DAS FROSTING:
+ **250–300 g Kokosjoghurt**
+ **je ¼ TL Vanille- und Zimtpulver**
+ **2 gehäufte EL Kürbiskerne**
+ **2 TL Agavendicksaft (oder Ahornsirup)**
+ **Salz**
+ **2 EL Granatapfelkerne**

REZEPTREGISTER

IMPRESSUM

© **ZS VERLAG GmbH**
Kaiserstraße 14 b
D–80801 München

ISBN 978-3-96584-117-8
1. Auflage 2021

Projektleitung: Friederike Wanzner
Lektorat: ZS-Team
Grafikdesign & Artdirection: Seidldesign
Grafik & Satz: Irene Schulz
Herstellung: Frank Jansen
Producing: Jan Russok
Druck & Bindung: optimal media GmbH, Röbel

Kurze Wege schonen die Umwelt
Dieses Buch wurde in Deutschland gedruckt

ZS – Ein Verlag der Edel Verlagsgruppe.
www.zsverlag.de | www.facebook.com/zsverlag

BILDNACHWEIS

Umschlag: C. Lang: vorne, hinten (l.); R. Riis: hinten (r.); StockFood Studios, J. Wischnewski: hinten (M.)
Innenteil: J. Kirchherr: 47; C. Lang: 11, 13, 15, 17, 29, 37, 43, 49, 59, 69, 83;
Fotos mit Geschmack (S. Mader & U. Schmid): 19; R. Riis: 25, 41, 71, 75, 76/77, 81, 85; W. Schardt: 27;
StockFood Studios/J. Wischnewski: 55; C. Timmann: 9, 20/21, 23; K. Winner: 35; M. Zanin: 51
STOCKFOOD: K. Arras: 73, 79; New Life Media: 39; J. Wischnewski: 31, 53, 57, 61, 63, 65

HINWEISE ZU DEN REZEPTEN

Zubereitungszeit: Alle Rezepte haben eine kurze Zubereitungszeit. Bitte beachten Sie jedoch bei der Planung auch die angegebenen Back- und Kühlzeiten, die evtl. noch hinzukommen.
Backofentemperatur: Wenn nicht anders angegeben, beziehen sich die Temperaturangaben auf die Einstellung Ober-/Unterhitze. Berücksichtigen Sie außerdem die Eigenschaften Ihres Backofens, denn jeder Backofen bäckt anders.

Easy Auswahl ...

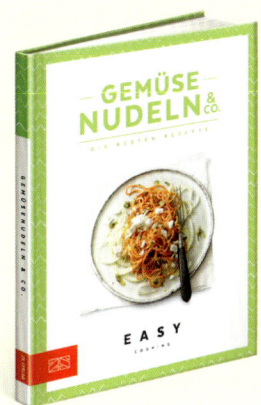

ISBN 978-3-96584-117-8

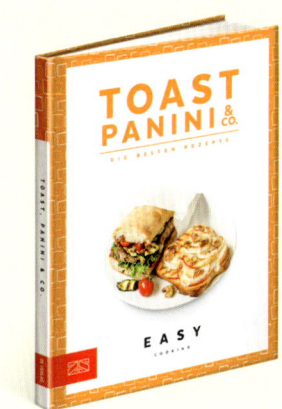

ISBN 978-3-96584-118-5

Gleich weiterkochen!

Jetzt überall,
wo es gute Bücher gibt.

LÖFFELMENGEN (PRO GESTR. LÖFFEL)

Lebensmittel	EL	TL	Lebensmittel	EL	TL
Flüssigkeit	12 ml	5 ml	Mehl (Type 405)	7 g	3 g
Backpulver	9 g	3 g	Paprikapulver	6 g	2 g
Butter	10 g	4 g	Puderzucker	4 g	3 g
Crème fraîche	10 g	5 g	Reis	10 g	5 g
Gelatine, gemahlen	8 g	3 g	Sahne (30 % F.)	10 g	5 g
Grieß	8 g	3 g	Salatmayonnaise	10 g	5 g
Haferflocken	7 g	2 g	Salz	13 g	5 g
Haselnusskerne, gemahlen	5 g	2 g	Saure Sahne (10 % F.)	10 g	6 g
Honig	15 g	6 g	Schwarzer Tee	4 g	2 g
Joghurt (3,5 % F.)	10 g	6 g	Semmelbrösel	6 g	3 g
Käse, gerieben	5 g	3 g	Senf	10 g	3 g
Kaffee, gemahlen	4 g	2 g	Speiseöl	10 g	4 g
Kaffee, löslich	3 g	1 g	Speisestärke	7 g	3 g
Kakaopulver	5 g	2 g	Tomatenketchup	12 g	5 g
Kondensmilch	14 g	6 g	Tomatenmark	12 g	5 g
Mandeln, gemahlen	5 g	3 g	Zimtpulver	4 g	2 g
Margarine	10 g	4 g	Zucker	10 g	5 g